DIBUJAR

ESPACIOS

Rani Ducros

Lo que no nos mata

europa
ediciones

© 2025 **Europa Ediciones** | Madrid

www.grupoeditorialeuropa.es

ISBN 9791256960798

I edición: mayo del 2025

Distribuidor para las librerías: **CAL Málaga S.L.**

Impreso para Italia por *Rotomail Italia S.p.A. - Vignate (MI)*

Stampato in Italia presso *Rotomail Italia S.p.A. - Vignate (MI)*

Lo que no nos mata

A esos amores

Prólogo

Los poemas de Rani Ducros, son derrotero de experiencias humanas, declamado en un monólogo interior poético que rebasa la intimidad del silencio para incluir a un otro *in absentia*. Ese otro no tiene voz, pero sí un perfil diseñado por la diatriba que no cesa. Con el alma dada vuelta como un bolsillo que no se guarda nada, ellos, los poemas, brotan de un realismo universal absoluto.

En verdad, si hiciéramos un recorrido por los títulos, tendríamos un mapa de la situación que encadena esta secuencia que se transforma en un llamado a ser oído. Proceso que, a través de un ritmo particular, va avanzando hacia la declamación final.

Así, la ambigüedad que conlleva la incertidumbre y la constante presencia del adverbio "no" en cada pieza del poemario, crean un clima de huida, retorno, alejamiento, cercanía, que transmite claramente la emoción encerrada en los versos:

"El cuerpo cansa.

Curarse duele."

En esta síntesis, se asienta la clave del poemario y no es casual que el título del poema que los lleva, sea "Duele". Tal vez esa sea la clave para leer esta obra: atravesar un dolor. Es así que, desde el título general, nos ofrece un mapa que deberemos seguir para llegar al final que quedó sobre entendido: "Lo que no nos mata…", frase que, desde los tiempos de Nietzsche, su autor, encierra la relación directa entre el fracaso del pasado y la proyección de triunfo en el futuro.

Estamos frente a una poesía de franqueza expositiva y de gran permeabilidad, cuyo mayor logro es que las emociones atraviesen las palabras para llegar hasta donde la autora quiera dirigirlas. Rani Ducros, tiene ese tinte peculiar de adiestrar el lenguaje con el fin de que realmente exprese lo que ella se propone. Así de especial será leer las páginas siguientes.

Tal vez como lectores podamos completar el aforismo tácito del título y al terminar de recorrer el libro sepamos a ciencia cierta que, si el dolor provocó la belleza, entonces sí, lo que no nos mata, nos fortalece.

Treinta y tres poemas nos esperan para vivir la inolvidable experiencia de compartir una hondura que estremece. A ello estamos invitados.

Graciela Capacci

Lo que no nos mata

Trepar montañas,
subirse a un avión,
tirarse en paracaídas,
practicar un deporte extremo,
manejar a gran velocidad,
tomar cosas extrañas.

Andar bajo la lluvia,
tomar el ascensor,
subir por las escaleras,
bajar por las escaleras,
jugar con animales,
acariciar una planta,
cruzar la calle,
tropezarse,
reírse de un chiste,
pasar demasiado tiempo en la cocina.

Un poco de amor de más,
algo extra de medicación.

Encender un cigarrillo,
fumar un cigarrillo,
tomar sol,
sacarse una selfie,
mandar un mensaje.

Tomarse el colectivo,
ir a bailar.
Opinar.
Salir de casa,
Respirar.

Confiar en vos.
Entregarte todo.
Enamorarme.
Permitirme quererte.
No escuchar a mi instinto.
No aprender del pasado.

No hace falta visitar una morgue
para descubrir
que son pocas las cosas
que no nos matan.

No me toques

Si te digo:
no me toques,
no es: tocame.
No es: no te me acerques,
No es andate ni vení.

Es:
¿por qué ya no me tocás como antes?

Insuficiente

Y no,
ni se te ocurra.
No me digas
que merezco algo mejor,
a alguien mejor
cuando, en verdad,
querés decirme
que yo no te alcanzo.

Soy yo

¿Qué?
¿"No sos vos, soy yo"?

¿Eso me vas a decir?

Basta

No lo digas
como si no me estuvieses dejando.
No lo digas
como si no estuviera sucediendo.
No lo digas
como si todavía
pudiera hacer algo
para que esto no pase.

Si me vas a largar,
al menos,
dejá que me vaya con un mínimo de dignidad.

No me tomes por idiota.

Matate vos

Y si me estás dejando y ni te importa
y si te estoy dejando y ni te importa,
sabés qué...

Matate.
Ya lo estás haciendo conmigo.

Pendientes

_¿Algún asunto pendiente?

_Hacerte llorar. ¿Vos?

_Hacerte sonreír.

_Me hacías sonreír.

_Ya no. Hacerte sonreír otra vez.

Decidite

Ahora estás así
porque te trato mal,
porque todavía te odio.

Pero, decime,
¿qué va a pasar cuando
quiera volver,
cuando estemos juntos un tiempo
y yo muera por vos?

¿No se te ocurre nada?

Decidite II

Te vas a aburrir,
te vas a aterrar,
te vas a paralizar
ante mi incondicionalidad.

¿Por qué no soportás
la idea de estar con una mujer
sin correr el riesgo de perderla?

Fe

Te dije
y te digo
que no te creo.
Pero sí te creo.

Te creo solamente
porque quiero creerte,
porque necesito creerte.

Si no te creyera,
estaría destrozada.

Mi cuerpo

Mi cuerpo necesita
que lo cuide,
que descanse.
Necesita que baje el ritmo cardíaco,
la presión arterial,
que mi pelo se mantenga sobre el cuero cabelludo.

Mi cuerpo necesita tanto...

Y yo
tengo mucho miedo
todo el tiempo.

No sé

Y aunque no te ame,
(alejate de mí,
soy una mala persona.)

Y aunque todavía no te ame,
te pido:
peleá por mí.

Dulce hogar

Te veo y me ves.
Nos vemos.
Ya no es lo mismo.

Este no es el hogar que yo conozco.

Dulce hogar II

No.
Este no es el hogar que yo conozco.
Por eso me quedo.

Otra vez

No me dejás
porque no querés dejarme.
No podés dejarme.

No sos solo vos
el que me está dando
una segunda oportunidad.

A esta oportunidad
nos la estamos dando
los dos.
Vos no me dejarías.

Y otra vez

Me cansé de tus reproches.
Dejame.
Si no querés darme
una segunda oportunidad,
dejame.

Pero no me la des solo porque te la pido.

Un paso

Decís que respetás mi decisión
aunque, obviamente, no la compartís.

Genial.

Antes ni siquiera la respetabas.
Debo estar haciendo algo bien.

Y si me voy

No corras a buscarme si me voy,
no te levantes siquiera.
No voy a estar esperándote esta vez.

Si no logré enseñarte nada,
me llevo
lo que aprendí:
siempre
se le puede pedir más a la vida.

Te sorprende

Te sorprende que ya no te ame.
Pero nunca me amaste,
ni siquiera me quisiste.

Yo solo
seguí tus pasos.

Venganza

Me hiciste sufrir
y mucho.
En el fondo siento
que tengo que sacarte algo
para que sufras.
Algo insignificante,
aunque te haga sufrir muy poco.

Necesito devolverte
lo que me hiciste.

Duele

No me hables más,
si me vas a seguir succionando
con palabras huecas.

No digas más nada.

El cuerpo cansa.
Curarse duele.

Que me mates

La televisión muestra esta historia: él está grave, pero todavía no muere. No sabe cuánto tiempo le quedaría; sabe que necesita una solución rápida. Irse.

Ella lo entiende, pero no puede ayudarlo.

Él se lo pide. Le pide que lo mate. Su vida (o lo que queda de ella) ya está destruida.

(No le tenemos tanta compasión: él no es ningún santo... ¿asesino serial? o algo así, no me acuerdo... pero aún así está grave y algo de lástima nos da. Además, si se muere, es bueno para él y para la humanidad).

De verdad, se lo pide. Que lo mate.

Ella es médica, no puede hacerlo. Hizo un juramento.

Pero le indica cómo puede hacerlo él.

Y él lo hace.

Él dejó de sufrir. Y ella sabe que ayudó a alguien a que no sufra más.

Yo me pregunto

(no te lo pregunto, no me animo, pero me lo pregunto)

¿Me matarías si te lo pido?

No, no serías capaz.

Pero, ¿y si de verdad te lo pido?

Imagino que no.

Y entonces ¿por qué te vas?

¿por qué me dejás muriendo?

Matar a quién

Pensamos que no seríamos capaces
de matar
y es porque subestimamos nuestro poder
de destruir.

¿Matarías intencionalmente a alguien?

¿A qué alguien?

¿Importa? Sigue siendo alguien.

Depende del alguien y si lo quiere el alguien.

Salvar a quién

No sé si todo el mundo comparte este morbo: imaginate que te encontrás en una situación en la que sos la única persona que puede salvar a aquella que te hiere constantemente, que te ignora, que te ningunea, que te subestima.

Tener el poder de decidir si la salvás o la dejás morir.

¿Salvarías a la persona que, día a día,

te destruye,

te mata?

¿Qué persona?

¿Importa?
Sigue siendo una persona.

No me mates

Estoy muy cansada.
Si vas a matarme,
hacelo con un solo corte.

Me dicen

Me dicen
que me olvide,
que sea feliz sin él.

Como si olvidar fuese algo voluntario.
Y aún peor:
como si la felicidad fuera una elección.

Date cuenta

Y dicen
que no me haga más problema
de lo que es.
Y dicen
que no se merece que esté así por él.
Y me dicen
"date cuenta",
que yo valgo más,
mucho más de lo que me hace creer.
Que me dé cuenta,
que yo valgo mucho más que él.
Que me dé cuenta,
que yo soy mucho más que él.
Y dicen
que él se lo pierde.

No saben
que soy yo la que me lo pierdo.
No saben
que él no se pierde de nada
porque nunca buscó nada.
No saben
que él no tiene nada que perder.

Que no se pierde de nada
si no sabe cuánto se está perdiendo.

No se extraña lo que nunca se quiso.
No se extraña algo
si no se sabe qué tan bueno es.

Esta que ves

Esta que ves
podrá parecerte
la mejor versión de mí misma.
La más perfecta,
la más feliz.

Esta que ves
podrá llevarse
todas las miradas y los aplausos.

Esta que ves
podrá tener el mundo entre sus dedos.
Podrá derribar montañas con tocarlas,
esta que ves...

Pero en esta también está la que no ves.
Esta soy yo
torturándome otra vez.

Esta que ves
es mi salud mental
en la cuerda floja.

Viva

(mi mente a veces no está tan segura).

¿Por qué sigo encontrando
anomalías,
síntomas,
extrañezas en mi cuerpo sano?

¿Por qué,
esta hipocondría que me desvela,
que me hace temblar?

Tal vez este miedo
es la única manera
que tiene mi cuerpo
de decirle a mi mente
que yo sí,
quiero vivir.

Mi salud mental
no es la mejor
pero mis ganas de cambiar
son más grandes.

Egoísmo

Ya no quiero
lo mejor para él.
Quiero lo mejor
para mí.

Me alcanza

Ya basta.
No puedo seguir abandonando mi tiempo
en alguien que no me elegiría,
que tal vez me desea,
pero jamás lo diría.

No necesito en mi vida
un simple pasajero que me busca
pero no me quiere.
Con los que me quieren,
me alcanza.

Sí, baby

Lo logré.
Esta nueva persona que soy
no te gusta.

Lo que no nos mata (reprise)

Son pocas las cosas
que no nos matan.

No sabría decir
si nos hacen más fuertes.
A lo mejor es verdad.

Pero, en la mayoría de los casos,
no queremos ser más fuertes.

(A veces, preferiríamos que nos maten.)

europa
ediciones